COME GUADAGNARE SOLDI DA CASA FACILMENTE

OTTENERE POSTI DI LAVORO ONLINE PER DONNE E UOMINI, AVVIARE UN BUSINESS ONLINE IN MODO RAPIDO E SEMPLICE DALLA VOSTRA CAMERA

Jessy M. Brown

Indice dei contenuti

Introduzione

Sei andato a scuola e ti sei laureato. Hai passato anni a perfezionare le tue capacità e a costruire una carriera. Ora, tu sei una madre e le tue priorità stanno cambiando molto. Tuttavia, grazie all'attuale clima economico, il loro bisogno di guadagnare denaro esiste ancora.

Puoi avere tutto questo? Puoi essere una madre a tempo pieno e avere ancora una carriera lucrativa e gratificante?

La risposta è sì, se impari a bilanciare la tua vita. Uno dei modi più semplici per avere tutto questo e godere di un senso di equilibrio è quello di fare le cose da soli e diventare una mamma che sta a casa. Con la vostra esperienza professionale, anni di esperienza e determinazione, potete farlo accadere.

Tuttavia, il passaggio dal lavoro sul

campo o in ufficio al lavoro a casa è un grande passo avanti. Prima di immergerti nel prospetto, è una buona idea fare un bilancio delle tue possibilità di prosperare a casa. Per alcune persone, brillare come una madre ed eccellere sul posto di lavoro richiede una piccola separazione. Per gli altri, il lavoro a casa gli si addice perfettamente.

Una volta che avrete deciso se lavorare a casa fa per voi, ci sarà molto di più da fare. Il passo successivo è quello di determinare quali sono le vostre prospettive e come superare alcuni degli ostacoli che invariabilmente ostacolano il vostro cammino. Non preoccuparti, puoi saltare gli ostacoli con relativa facilità se lo vuoi davvero.

Ci sono diverse opportunità di carriera per le madri che lavorano a casa. Se non si desidera continuare nel campo attuale, è possibile trasferire alcune delle proprie competenze in un'altra area di specializzazione. Ci sono anche alcuni posti incredibili per la formazione o la riqualificazione, anche da casa, se si desidera qualcosa di completamente nuovo.

Se siete attratti dal lavoro su commissione, trovare un lavoro non sarà un grosso problema. Il mondo sta cambiando. Grazie a ciò, molti datori di lavoro offrono su Internet posti di lavoro a tempo parziale, a breve e persino a lungo termine. Sono perfetti per i lavoratori a domicilio.

Una volta che iniziate a trovare lavoro, probabilmente dovrete mettere in atto alcune altre cose. È probabile che sorgano domande su uffici a domicilio, vantaggi e altri aspetti tecnici. Come esplorare le vostre opportunità, preparare il vostro ufficio a casa, e stabilire una vita che non comporta l'essere lontano da vostro figlio, questo e-book è la vostra guida.

Insieme possiamo realizzare i vostri sogni di lavorare a casa e avere ancora tempo per la vostra realtà familiare!

Devi considerarlo.....

Quando si guarda negli occhi di tuo figlio, l'idea di indossare un abito e tornare in ufficio è probabilmente un po' sorprendente. Stare a casa e lavorare a casa può essere un'esperienza incredibile per te e per il tuo piccolo. Tuttavia, può anche essere un incubo in erba. Tutto dipende da quanto bene tu e la tua famiglia possiate gestire la transizione. Alcune donne e le loro famiglie prosperano meglio quando il lavoro viene mantenuto in servizio. Altri brillano nell'ambiente di lavoro domestico. Non importa quale percorso scegliete, purché funzioni per voi, è perfetto!

Quindi, *come si può stabilire se il lavoro a casa è quello che ti piace veramente?*

Per prima cosa, dovrai esaminare la tua situazione finanziaria. Per avviare con successo una carriera dall'home office, può essere utile avere un po' di spazio per respirare finanziariamente. Tenete presente, tuttavia, che rimanendo a casa, risparmierete anche un po' di soldi.

Al di là delle emissioni di dollari, ci sono domande che dovrete porvi e anche il vostro coniuge e i vostri familiari. Per fare un vero e proprio business a casa o spostare la tua carriera a tempo pieno a casa, hai bisogno di avere la personalità giusta per farlo. Inoltre, potrebbe anche essere necessario un serio sostegno familiare.

Diamo un'occhiata ad alcune delle cose che vorrai considerare per aiutarti a decidere se lavorare a casa fa per te.

➢ *ESPLORARE IL LATO FINANZIARIO DELLE COSE*

Lavorare a casa può essere molto redditizio per molte madri. Tuttavia, può richiedere un po' di tempo per ottenere un flusso di cassa costante. Con questo in mente, ci sono un certo numero di cose che vorrete esaminare prima di decidere di immergervi con entrambi i piedi. Se trovi che il momento non è quello giusto, non preoccuparti troppo. È ancora possibile lavorare in un business a casa nei fine settimana o la sera e cercare di costruirlo rapidamente in modo da poter stare a casa a tempo pieno in un batter d'occhio.

Le basi da considerare con le finanze includono:

Il vostro budget mensile: verificate attentamente le vostre fatture mensili e l'importo dei contributi che fornite. Eliminare dal bilancio cose che non saranno più presenti, come i costi per la cura dei bambini e i costi di trasporto. Ora, tenete presente che potrebbe volerci un po' di tempo per costruire un'attività sufficiente a coprire le bollette e altre spese. Se il tuo contributo è essenziale per i profitti della tua famiglia, controlla i tuoi risparmi. Ne hai abbastanza per coprire il tuo contributo per almeno tre mesi? Sei o dodici sarebbero ancora meglio. La base e' coperta? In caso contrario, prendete in considerazione la possibilità di passare al lavoro a tempo pieno a casa, in quanto costituirete un fondo di riserva per coprire voi stessi. Prendere un percorso lento e costante nella giusta direzione è meglio che non prendere la strada a tutti! Con un po' di tempo e dedizione, puoi realizzare il tuo sogno.

Le spese aggiuntive previste: avviare un'attività domestica può costare il capitale iniziale. Oltre ad assicurarsi che la vostra famiglia sia coperta finanziariamente durante la transizione, avrete bisogno di denaro contante per aprire un ufficio, acquistare attrezzature, fare pubblicità, ottenere licenze e forse assicurazioni, ecc. E' possibile ottenere un piccolo prestito per queste cose e anche per aiutare a coprirle durante i primi mesi. Tenete a mente, tuttavia, che questo inizierà la vostra attività in rosso. A volte è meglio salvare e aprire i libri in nero.

La stima di "Red Zone": anche se non sarete in grado di pianificare esattamente quando la vostra azienda inizierà a fare soldi al giorno, potete fare una stima abbastanza solida. Siate realistici e prevedete almeno tre mesi per un buon sviluppo. Questo vi aiuterà a determinare la quantità di riempimento di cui avete bisogno nel vostro conto bancario per rimanere a vostro agio mentre costruite il vostro business.

L'aspetto finanziario delle cose può essere una grande considerazione quando si decide di smettere di lavorare in un ufficio e fare il passaggio alla propria attività. Assicurarsi che le basi siano coperte. Alcune delle opzioni che possono aiutarvi ad includere prestiti, sovvenzioni, risparmi o anche iniziare a lavorare a tempo parziale con l'azienda per costruirla. Tuttavia, il denaro non è la sua unica preoccupazione.

La tua personalità

Lavorare a casa è perfetto per alcune persone, ma non per altre. In ogni caso, va benissimo, purché tu sappia dove ti trovi. Puoi essere un'ottima madre e lavorare lontano da casa. Per alcune persone, lavorare a casa e cercare di essere genitori a tempo pieno non va a vantaggio di tutti. Tutto dipende dalla personalità.

Allora, *hai le carte in regola per fare carriera a casa?* Ponetevi queste domande e rispondete onestamente:

Sono autodisciplinata? Il lavoro a casa funziona ancora. Aggiungete un neonato, un bambino o un bambino e il lavoro diventa due in uno in modo sicuro. Per gestire un'azienda o anche per portare il tuo lavoro a tempo pieno in un ambiente di telelavoro, dovrai essere disciplinato.

Se sei il tipo che tende a perdersi quando un capo non ti guarda oltre le spalle, lasciare il mondo del lavoro quotidiano potrebbe non fare per te. Ci sono modi per superare questo ostacolo, ma prima è necessario un po' di autodisciplina.

Posso sopportare di non avere l'interazione di un "adulto"? Lavorare a casa significa passare molto tempo con le persone piccole. Alcune madri prosperano su entrambi i lavori quando li tengono separati. La verità è che le madri lavoratrici a casa spesso non hanno tempo per comunicare con gli adulti. Per alcuni, questo non è un problema da superare. Altri, tuttavia, trovano che trattare con i clienti per telefono o via e-mail non è sufficiente per l'interazione con gli adulti.

Sono abbastanza motivato da raggiungere questo obiettivo? Il lavoro in ufficio tende ad essere motivante da solo. Anche chi è in ritardo può prosperare in un ambiente in cui le scadenze sono fissate da altri, il lavoro è trascurato e lo stipendio dipende dalle prestazioni. Lavorare a casa è davvero un gioco diverso. Se sei motivato e hai una storia di imprenditore, è probabile che tu faccia bene.

Posso fissare gli orari e tenerli? Lavorare a casa presenta il pericolo di prepararsi troppo al lavoro. Spesso è meglio fissare "orari d'ufficio" e attenersi ad essi. Naturalmente, di tanto in tanto vorrai prenderti una pausa per visitare un parco, vedere una recita scolastica e così via. Va bene! La domanda è: puoi seguire un programma senza un capo su base regolare?

Lavorare a casa suona divertente e gratificante. Per molti lo è. Altri semplicemente scoprono di non prosperare in questo ambiente. Sii onesto con te stesso e sceglierai la strada giusta da seguire.

> ## LA FAMIGLIA IN PRIMO LUOGO

Quando decidi di lavorare fuori casa tua, non sei l'unico che sarà interessato dalla decisione. Anche suo marito, i figli maggiori e chiunque altro viva in casa ne sentirà gli effetti. Nella maggior parte dei casi, avere la mamma a casa è un grosso problema. Le famiglie, tuttavia, dovranno intervenire e aiutare. Se non supportano la tua decisione, la tua azienda potrebbe essere morta nell'acqua prima che inizi.

Allora, *di cosa avete bisogno dalla vostra famiglia per il successo del vostro business domestico?* Assicurati che la tua famiglia sia disposta a farlo:

Aiuto a casa: Può essere molto allettante per i membri della famiglia lasciare tutto quello che si può fare solo perché si è a casa. Anche se possono aver aiutato con la cucina, la spesa, la lavanderia, ecc, quando si lavorava fuori casa, questo potrebbe fermarsi se non si diventa proattivi nell'impostare i limiti ora. È troppo facile per i coniugi e i figli più grandi pensare che solo perché la mamma lavora a casa, è sempre più disponibile a gestire altre attività. Anche se si può essere in grado di fare di più se si possono fare più compiti contemporaneamente, non sarà possibile farlo ogni giorno.

Rimanete a bordo: assicuratevi che voi e il vostro partner discutete a fondo l'idea di lavorare a casa prima di immergervi. Se non hai il 100% di supporto del tuo partner, probabilmente dovrai combattere una battaglia in salita. Assicuratevi di discutere la situazione con mente aperta. Se ci sono resistenze, condividi il tuo business plan, il tuo budget e altri materiali di supporto. È probabile che al vostro partner piaccia l'idea che vostro figlio non venga cresciuto fuori casa. Assicurati solo che il tuo partner sia a bordo e lui rimarrà così.

Aiutare in un pizzico di giocoleria vita a casa e in ufficio è difficile non importa cosa succede. Se stai gestendo la tua attività, ci sono momenti in cui dovrai lasciar cadere il proverbiale pallone sulle faccende domestiche, la cura dei bambini o qualcosa del genere. Con questo in mente, può essere imperativo per il vostro commercio e le vostre probabilità di successo che avete piani di contingenza per le emergenze. È il vostro sposo disposto a prendere un giorno libero per prendersi cura di un bambino malato se avete una grande vendita che dovete fare? I bambini più grandi o nonni prenderanno un bambino più piccolo quando non potete essere lì? Assicurati di avere un buon sistema di supporto e metà della tua battaglia sarà vinta.

Lavorare a casa può sembrare affascinante ed emozionante. Non e' sempre cosi'. Può presentare una serie di ostacoli che devono essere superati per garantire il successo. Prima di tuffarvi in quest'avventura, voi e la vostra famiglia dovreste davvero esplorare se questa idea è quella giusta per voi. Se è così, puoi andare a tutta velocità per divertirti mentre guadagni e anche per goderti il tempo con i tuoi figli.

I vantaggi di diventare una madre lavoratrice possono essere sconcertanti. Se avete disperatamente bisogno di più tempo con i vostri figli e volete esserci per loro, ma avete ancora degli obblighi finanziari nei confronti della vostra famiglia, questa potrebbe essere la soluzione migliore. Basta prendersi il tempo necessario per esaminare attentamente la situazione.

Come superare gli ostacoli?

Indipendentemente dal tipo di attività che vi aspettate di avviare o anche se intendete diventare un telelavoratore per la vostra attività esistente, ci saranno degli ostacoli che dovrete affrontare. Dalle finanze alle proprie paure di isolamento, lavorare a casa tutto il tempo non è necessariamente arcobaleni e sole ogni giorno. Avrai giorni buoni e giorni cattivi. Affronterai anche gli ostacoli che ti impediscono di iniziare. Fortunatamente, ci sono cose che puoi fare per affrontare quasi tutti gli ostacoli che ti intralciano.

✓ *BLOCCHI FINANZIARI*

Forse l'ostacolo maggiore che si frappone all'avvio di un'impresa a domicilio è la questione del denaro. Questo potrebbe non essere applicabile se si sta per diventare un telelavoratore per la propria azienda esistente o per un'altra. Tuttavia, se si parte da zero, può essere un grosso ostacolo da superare.

Affinché la base migliore per iniziare, è necessario esaminare attentamente il bilancio, come suggerito in precedenza. Se non sei a buon punto, questi suggerimenti possono aiutarti a ottenere i soldi necessari per realizzare il tuo sogno:

Piano di risparmio: Questo può richiedere più tempo di altre opzioni per superare i problemi di flusso di cassa, ma può mettervi in una posizione finanziaria migliore nel lungo periodo. Invece di prendere in prestito denaro, questo cercatore di ostacoli richiede semplicemente di iniziare a costruire i vostri risparmi aziendali da soli. Potete farlo rimanendo al vostro lavoro regolare e risparmiando sui vostri assegni. Si può anche prendere in considerazione l'avvio della vostra attività a tempo parziale di notte per accumulare denaro, contatti e reddito. Quest'ultima opzione mantiene i soldi del vostro lavoro quotidiano e può aumentarli con l'azienda part-time. In generale, questo è un modo abbastanza prudente per superare i problemi finanziari.

Prestiti: I prestiti alle piccole imprese, i rifinanziamenti ipotecari, le seconde ipoteche e altre opzioni di prestito possono essere a vostra disposizione per iniziare la vostra attività. Questo percorso può iniziare il tuo sogno e darti denaro contante in banca per vivere per un po' di tempo. Il pericolo qui e' che dovrai fare i pagamenti. Fondamentalmente, il finanziamento di un'impresa con prestiti comporta l'avvio di libri in rosso. Tuttavia, se la vostra idea commerciale è abbastanza buona e le vostre capacità sono abbastanza alte, può essere un buon modo per farlo.

Sovvenzioni: A volte è possibile ottenere sovvenzioni per avviare una piccola impresa. Questo dipenderà molto da quello che hai intenzione di fare. Se si ha diritto alle sovvenzioni, vale la pena di farne richiesta. Il fatto è che le sovvenzioni possono darti i soldi di cui hai bisogno senza dover pagare nulla. Possono essere disponibili sovvenzioni statali e delle fondazioni. Considerare l'opzione, ma pianificare un grande processo di applicazione. Se riuscite ad ottenere sovvenzioni, assicuratevi che il denaro vada esattamente dove avete detto che sarebbe andato bene. Altrimenti, si può arrivare a molta acqua calda!

Investitori La famiglia, gli amici o altri conoscenti potrebbero voler entrare nella vostra azienda al piano terra. Anche se questa è probabilmente l'opzione meno raccomandata, può alimentare i vostri sogni d'affari abbastanza rapidamente. Contate di dover rimborsare questi prestiti o offrire una parte della vostra attività a questi "partner".

I problemi economici possono sempre essere superati se si è determinati a farlo.

Considera le tue opzioni e procedi con l'opzione o le opzioni che funzionano meglio per te.

✓ *RESILIENZA DELLA FAMIGLIA*

La resilienza della famiglia può essere un problema anche quando stai pensando di diventare una mamma lavoratrice. Se non hai il suo pieno sostegno, potresti essere nei guai.

Ecco alcuni suggerimenti per superare i problemi che possono insorgere:

Evidenziare i vantaggi: assicuratevi che il vostro partner comprenda appieno ciò che il vostro lavoro a casa può significare per la vostra famiglia. Anche se avrete compiti da svolgere, alla fine sarete più disponibili per la vostra famiglia.

Parla con il potenziale di risparmio: Indica quanto risparmierai su gas, pranzi all'esterno, cene di fast food e assistenza all'infanzia. Queste spese possono sommarsi molto rapidamente e possono anche compensare le perdite che dovreste affrontare lasciando il vostro attuale lavoro, se questa è la vostra intenzione. Molte mamme trovano che spendono più o meno come al lavoro per queste spese che possono essere eliminate da un foglio di bilancio se si lavora a casa.

Evidenziare i potenziali guadagni: assicuratevi che la vostra famiglia sappia di aver fatto i compiti per la vostra idea commerciale. Mostra loro protezioni di profitto, potenziali clienti e così via. Se avete già clienti che si sono registrati, questo può essere di sicuro un rapido cambiamento di cuore.

Se il tuo partner non è sicuro che tu possa farlo, provalo. Iniziate la vostra attività a tempo parziale e coltivatela con cura. Una volta decollato, sarà possibile effettuare la transizione e non mettere a repentaglio il reddito della famiglia. Tenete presente che il vostro partner probabilmente sostiene la vostra decisione al 100%, ma può temere "e se....". E' un bene. Mostra al tuo partner e a te stesso che ce la puoi fare.

La resistenza della famiglia è generalmente molto facile da superare. Se hai fatto i tuoi compiti, dovresti essere in grado di vendere il tuo piano abbastanza bene.

Tuttavia, se siete come la maggior parte delle persone, il lavoro più difficile da vendere sarà con voi stessi. Devi credere di poterlo fare per riuscire ad essere una mamma lavoratrice a casa. Uno dei maggiori ostacoli che dovrete affrontare su questo fronte è l'isolamento.

✓ *I TIMORI DI ISOLAMENTO*

Lavorare a casa può portare ad un senso di isolamento. Non fraintendetemi, dovrete essere proattivi su questo fronte. A meno che non siate perfettamente soddisfatti di avere a che fare con le persone solo per telefono e via e-mail, vorrete fare alcune disposizioni per una vita sociale in anticipo. Tenete presente che alcune idee imprenditoriali vi faranno uscire di casa più di altre, ma è probabile che vorrete fare un piano per conquistare e superare le paure di isolamento.

Quindi, *come potete assicurarvi che le vostre esigenze di conversazione, networking e interazione con gli adulti siano soddisfatte?* Queste cose possono essere salvavita per le madri che lavorano a casa:

Unisciti a un gruppo di madri: questo è un ottimo modo per uscire di casa e passare del tempo con il tuo piccolo lontano dal tuo nuovo "ufficio". Quando ti unisci a un gruppo di madri, puoi incontrare nuove persone e coltivare il tuo bisogno di conversazione. Allo stesso tempo, darete a vostro figlio la tanto necessaria interazione. Molti gruppi di mamme offrono un programma completo di attività tra cui scegliere. Alcuni offrono anche eventi serali per farti uscire di casa solo con le ragazze.

Se avete intenzione di vendere, lavorare come consulente o fare qualsiasi cosa che possa farvi uscire di casa, approfittate del tempo almeno una volta ogni tanto. Anche se il piano è quello di lavorare a casa il più possibile, uscire più volte alla settimana non è una cosa negativa. Infatti, potrebbe essere un bene per te e per tuo figlio. Una piccola opportunità di paesaggi e volti non fa mai male a nessuno!

Unisciti ai gruppi di lavoro in rete: prenditi il tempo di unirti ai gruppi di lavoro in rete, alla tua camera di commercio locale o ad altre organizzazioni aziendali. Fallo e puoi uccidere due piccioni con una fava. Non solo vi piacerà l'interazione degli adulti, ma sarete anche in grado di incrementare il vostro business allo stesso tempo.

Vai agli incontri: Se avete intenzione di lavorare a distanza o anche come consulente, assicuratevi di partecipare alle riunioni di persona di tanto in tanto. Questo vi farà uscire di qui e vi darà il tempo di ricaricare le batterie tra gli altri adulti che lavorano.

Rimani in contatto con i tuoi amici: affidati alla stessa rete di supporto che hai avuto per anni per mantenerla in funzione quando lavori a casa. Chiama i tuoi amici per uscire la sera con le ragazze, divertirsi o guardare film nei fine settimana. Solo perché ora lavori a casa non significa che non puoi uscire di casa.

Pianificare le notti di data: prendetevi il tempo per datare il vostro coniuge o partner. Una notte alla settimana o anche una notte al mese per lavorare come coppia può essere un cambio di ritmo di lavoro di cui c'è grande necessità. In piu', puo' aiutare a mantenere il vostro rapporto fresco e forte.

Godetevi un hobby: lasciate la casa da soli alla ricerca di un hobby che avete sempre desiderato fare. Prendi una lezione, impara a giocare a tennis, fai qualcosa che trovi interessante a livello personale. Il volontariato può anche essere un ottimo modo per uscire e fare qualcosa di carino. Anche un'ora a settimana di guida pasti per gli anziani può avere un grande impatto sulla vostra psiche. Tenete presente che non fare altro che lavorare e prendersi cura della vostra famiglia vi brucerà rapidamente. Devi avere anche tu qualcosa che sia tutto tuo. Anche se è un'ora al mese a fare qualcosa che ti piace, fallo!

Non preoccuparti di lavorare a casa per diventare un isolazionista. Si può superare questo ostacolo abbastanza facilmente.

Altre opzioni

Abbiamo gia' stabilito che stai lavorando ad una carriera da un po' di tempo. Questo ti dà un piccolo vantaggio quando si tratta di esplorare le tue opzioni. Hai competenze che molto probabilmente potrebbero tradursi in una carriera di telelavoro o in una nuova impresa commerciale che è tutta tua. Ora è il momento di esplorare realmente le vostre opzioni e decidere come fare in modo che il lavoro a casa lavori per voi.

Se non vuoi portare le tue attuali competenze in una nuova impresa, non preoccuparti. Ci sono opzioni che richiedono pochissimo tempo di riqualificazione. Alcune idee commerciali sono anche molto intuitive, quindi non pensate di non dover essere in trappola per fare quello che fate ora. A meno che tu non voglia farlo!

Diamo un'occhiata ad alcune delle opzioni in cui è possibile aprire la porta.

- ***TELELAVORO PER IL TUO ATTUALE DATORE DI LAVORO***

Se hai lavorato per il tuo attuale datore di lavoro per un po' di tempo e ami il lavoro, ma vuoi rimanere a casa, il telelavoro può funzionare per te. Se il vostro datore di lavoro utilizza già dei telelavoratori, avrete un vantaggio. In caso contrario, prendetevi il tempo per discuterne con il vostro supervisore e i superiori.

Il telelavoro è sempre più accettato nei principali luoghi di lavoro. Ci sono anche un certo numero di aziende Fortune 500 che permettono ai loro dipendenti di lavorare da casa per tutto o parte del tempo. I vantaggi di portare il proprio lavoro a casa e stare con la propria azienda attuale possono essere notevoli. Questi includono

Se si fa a casa quello che già si fa in

ufficio, la curva di apprendimento sarà inesistente. Questo è un ottimo modo per avere la tua torta e mangiarla.

Estensione delle prestazioni: se rimanete occupati nella vostra azienda attuale, non perderete nessuna delle prestazioni offerte. Questo può essere un grosso problema per alcune famiglie, quindi non scontate il valore.

Reddito garantito: la tua famiglia non perderà un centesimo se lavori a distanza. Infatti, si potrebbe finire per guadagnare di più grazie ai risparmi sui costi del lavoro a casa di cui abbiamo già parlato. Questo può essere un grande vantaggio per voi e la vostra famiglia. Può anche funzionare bene come strumento per convincere la vostra famiglia che lavorare a casa è quello che fa per voi.

Il telelavoro ha i suoi pro e contro. Se scegliete di rimanere presso il vostro attuale datore di lavoro, vi sarà limitato ad un salario fisso. Molto probabilmente, anche le sue ore saranno monitorate. Questo può portare via alcune delle libertà di cui ti aspettavi di godere lavorando a casa. Considerare attentamente gli alti e bassi di questa opzione prima di procedere. Sono disponibili altre opzioni.

- ### *CONSULENZA NEL VOSTRO CAMPO*

Ok, quindi forse non vuoi piu' lavorare per il tuo attuale datore di lavoro. Oppure, forse avete scoperto che la vostra azienda semplicemente non permette il telelavoro per nessuna ragione. Non prenderla come una barricata che non puoi superare. Se avete sviluppato le vostre competenze in un particolare settore, potreste essere in grado di passare a una posizione di consulente.

Se decidete di assumere un consulente, potreste essere in grado di "lavorare" per la vostra azienda secondo i vostri termini e condizioni. Si prega di notare, tuttavia, che perderai il tuo status di membro dello staff. Questo significa anche, tuttavia, che potete consultarvi con altre aziende che possono beneficiare delle vostre conoscenze, esperienze e competenze.

I consulenti sono molto richiesti in diversi settori. Dai consulenti legali e operativi, alla progettazione, al management e oltre, molte aziende si rivolgono regolarmente a una serie di "occhi" esterni. Molti sono anche disposti a pagare un buon prezzo per i consulenti professionisti.

Se si desidera passare a una posizione di consulente, considerare quanto segue per far partire i propri sforzi:

Avvicinati al tuo business esistente: A seconda delle vostre capacità, questo può essere il modo più veloce per godere di un solido contratto di consulenza. La vostra azienda può rallegrarsi dell'idea di togliervi dal libro paga e di risparmiare sui benefici, ma avere ancora le vostre capacità a disposizione.

Unisciti alle organizzazioni commerciali: per trovare altre opportunità, assicurati di unirti alle organizzazioni commerciali e rimani aggiornato con gli incontri, le pubblicazioni e anche gli annunci di ricerca online che questi gruppi pubblicano. Questo può essere un ottimo modo per trovare lavoro nel vostro campo su una base di consulenza.

Assicuratevi di essere nella lista delle offerte del governo: assicuratevi di essere nella lista dei fornitori di città, contea, stato e agenzie federali che potrebbero beneficiare delle vostre competenze. I contratti di consulenza governativa possono sovraccaricare le carriere e offrire redditi stabili.

Ci sono modi per rimanere nel vostro campo esistente e utilizzare le competenze che avete perfezionato nel tempo per guadagnare soldi da casa. Tuttavia, se si vuole un cambiamento completo, ci sono modi per farlo accadere con poca o nessuna riqualificazione.

Naturalmente, è sempre possibile riqualificarsi e saltare di nuovo se si vuole entrare in un nuovo campo tutti insieme.

"Scrivi" i tuoi obiettivi

Scrivere per vivere è una delle opzioni più stabili e redditizie per le casalinghe esperte. Gli scrittori freelance sono molto richiesti in quasi tutti i campi immaginabili. Come più aziende prendono il loro business online, hanno bisogno di persone che scrivano i loro contenuti, aggiornino i loro blog, creino rapporti speciali, ecc. Questa opzione consente di lavorare nel campo esistente, analizzare e anche di diversificare in altri interessi.

Se vuoi metterti per iscritto come nuovo business, avrai bisogno di avere alcune competenze di base. Oltre ad essere in grado di incatenare una frase, è necessario avere uno stile di scrittura decente, comprendere la grammatica ed essere in grado di gestire la pressione delle scadenze.

Alcune delle opzioni disponibili per gli scrittori freelance includono:

✓ Blogging;
✓ Segnala la scrittura di un rapporto;
✓ Scrittura di pubbliche relazioni;
✓ Creazione di contenuti per l'ottimizzazione dei motori di ricerca;
✓ Scrittura tecnica.

Scrivere per vivere può essere un'opzione di carriera entusiasmante e gratificante. Per le madri che lavorano a casa e sanno scrivere, le possibilità sono quasi illimitate.

> ### ➤ *INSERIMENTO DI DATI E ALTRI DATI SIMILI*

Scrivere a macchina può non essere la tua passione, ma questo non significa che non puoi mettere al lavoro le tue capacità di tastiera. Le posizioni di inserimento dati e gli altri lavori connessi sono sempre molto richiesti dai lavoratori autonomi e dai lavoratori a distanza. Avere una formazione professionale può essere una grande spinta per entrare anche in questi campi.

Alcuni dei campi correlati da considerare oltre all'inserimento dei dati includono:

- ✓ Fatturazione medica;
- ✓ Trascrizione medica;
- ✓ Trascrizione;
- ✓ Lavorare come assistente personale online;
- ✓ Agente di fatturazione.
-

➤ **VENDITE**

Se le vostre competenze sono nell'area vendite, troverete un mondo di possibilità a vostra disposizione. La realtà è che la vendita è uno dei modi più semplici per entrare in un business, ma può essere uno dei più difficili da raggiungere. Tuttavia, se sei bravo, il cielo sarà il limite.

Se le vendite vi sembrano buone, le opzioni correlate includono:

Lavorando come un grande rappresentante, le aziende stabilite che vendono articoli per la casa, cosmetici e altri prodotti simili assumono addetti alle vendite per tutto il tempo. In questi casi, i venditori sono appaltatori indipendenti che stabiliscono i propri programmi, lavorano nel proprio territorio, ecc. Questo può essere un ottimo modo per godersi "possedere" un'azienda senza dover reinventare la ruota.

Possibilità di franchising: Questo è un altro ottimo modo per andare se si vuole possedere la propria attività e raccogliere tutti i frutti. Il franchising può dare alla vostra azienda un riconoscimento immediato e il supporto di cui avete bisogno per iniziare bene.

Altre possibilità: E' possibile trasformare

un hobby in un'azienda, creare un prodotto da produrre e vendere, lanciare un sito web e così via. Queste opzioni possono dipendere dalle competenze che già possiedi o permetterti di svilupparne di nuove per seguire un percorso completamente diverso. Non lasciare nulla di intentato su questo fronte se vuoi fare qualcosa di completamente diverso.

Le possibilità di lavorare a casa sono limitate solo dall'immaginazione. Sia che tu voglia rimanere nel tuo campo esistente o diversificare in una direzione completamente nuova, ci sono modi per realizzare i tuoi sogni di lavorare a casa. Prendetevi il tempo per esplorare le vostre opzioni, fare i compiti e vedere quale percorso funziona meglio per voi e la vostra famiglia. Se hai bisogno di riqualificazione o di nuove competenze, rilassati. Puoi iniziare ad allenarti un po' più facilmente di quanto pensi.

Il tuo apprendimento

Hai preso una decisione, esplorato le tue opzioni e scoperto che un qualche tipo di formazione sarà necessaria perché i tuoi sogni si avverino. Non preoccuparti troppo. Ci sono molte opzioni a vostra disposizione per essere sicuri di ottenere la formazione di cui avete bisogno. In molti casi, puoi continuare a lavorare di giorno e studiare online o andare a scuola la sera. In alcuni casi, può anche essere possibile avviare la tua nuova carriera a casa e ricevere una formazione aggiuntiva per rafforzare il tuo business.

Quindi, *quali sono le opzioni per ottenere la formazione di cui hai bisogno?* Ci sono tre opzioni principali da considerare: college, scuole tecniche o programmi di certificazione.

- ### *TORNARE AL COLLEGE*

Se si vuole fare un cambiamento radicale nei campi, l'università può essere l'opzione migliore per voi. Grazie ai corsi di laurea online, tuttavia, questo non deve essere così scoraggiante come sembra. E' possibile lavorare di giorno e frequentare le lezioni di notte.

Per facilitare il ritorno a scuola, considera questi suggerimenti:

Ci sono tonnellate di programmi di borse di studio e sovvenzioni per le donne. Esplora ogni opzione e non lasciare nulla di intentato. Molte di queste sovvenzioni e borse di studio sono ora disponibili anche per i corsi universitari online. Prestare molta attenzione anche alle borse di studio per le madri lavoratrici. Ci sono organizzazioni che pagheranno l'intero conto per le mamme in cerca di nuove carriere.

Se hai già una laurea, potresti aver bisogno solo di pochi corsi per ottenere la formazione di cui hai bisogno. Ricordatelo.

Se avete bisogno di un programma di studio completo, concentratevi sul futuro per andare avanti.

Certo che vuoi essere in affari in questo momento! Se non è possibile, non correre troppo in fretta. Lavorare, andare a scuola e prendersi cura di una famiglia può essere un sacco di lavoro. Cercate di prendere solo ciò che è ragionevole e lavorare con fermezza verso l'obiettivo finale.

Tornare all'università e ottenere una nuova laurea può essere un ottimo modo per riqualificarsi per una nuova carriera. Potrebbe volerci un po' più tempo di altre opzioni, ma è un buon modo per ricominciare da capo.

• *SCUOLE TECNICHE*

Le scuole tecniche possono fornire la formazione necessaria per una varietà di carriere. Dalla progettazione e vendita di siti web alla riparazione di computer e oltre, questa opzione può essere eccellente per diversi motivi. Questi includono

Costi: Le scuole tecniche, soprattutto se sono scuole statali o di contea, tendono ad essere molto più accessibili dell'università.

Programmazione: Le scuole tecniche tendono ad avere orari molto flessibili. In molti casi, i corsi di studio possono essere piuttosto brevi, ma forniscono comunque le competenze necessarie per iniziare una nuova carriera.

Apprendimento mirato: I programmi tecnici non prevedono molti corsi "extra" che i diplomi universitari standard tendono a richiedere. Questo può permettere di andare dritto al punto piuttosto che dover girare le ruote su Basket Weaving 101.

- ### *PROGRAMMI DI CERTIFICAZIONE*

Programmi di certificazione a breve termine possono essere la soluzione perfetta per alcuni settori professionali. La trascrizione medica, la fatturazione e persino il web design, ad esempio, possono spesso essere appresi durante i programmi di certificazione "corso intensivo". Si tratta di un ottimo modo di farlo per una serie di ragioni, tra cui:

Tempo coinvolto: i programmi di certificazione sono di solito di breve durata, ma forniscono la formazione necessaria per avere successo in alcuni settori professionali. Quando le certificazioni sono combinate con una laurea esistente, un curriculum generale può essere molto interessante.

Costi coinvolti: anche se i prezzi dei programmi di certificazione variano, naturalmente, essi sono generalmente molto più accessibili dei programmi di laurea completa.

Apprendimento mirato: Come le scuole tecniche, i programmi di certificazione forniscono anche un corso di apprendimento molto specifico. Questo è eccellente per coloro che non vogliono passare molto tempo in corsi che non hanno nulla a che fare con l'obiettivo finale della loro carriera.

Se la vostra attività di scelta richiederà una sorta di riqualificazione per avere successo, non fatevi prendere dal panico. Ci sono opzioni disponibili che possono accelerare lo sforzo di apprendimento. In molti casi è addirittura possibile contenere i costi grazie a sovvenzioni e borse di studio. Non lasciare che l'addestramento intralci i tuoi sogni.

I lavori giusti

Hai selezionato il tuo campo, progettato i tuoi piani e sei pronto a partire. La domanda ora è come iniziare a fare soldi. A meno che tu non stia lavorando a distanza per un datore di lavoro esistente, avrai bisogno di un piano di gioco per avere un po' di lavoro. All'inizio, ottenere i lavori giusti richiederà probabilmente molto del vostro lavoro. Tuttavia, ci sono metodi che possono aiutarvi. Quello che funziona meglio dipenderà dal vostro esatto inseguimento.

• *LA PUBBLICITÀ PAGA*

Se avete intenzione di vendere un prodotto o un servizio, la pubblicità sarà vitale per la vostra attività. Il vostro campo reale, tuttavia, può avere un impatto sui posti migliori per mettere i vostri dollari pubblicitari. Per iniziare a ottenere i clienti, considerare questi potenziali veicoli pubblicitari:

Fonti locali: giornali della comunità, stazioni televisive e stazioni radio possono essere un buon punto di partenza se non si vuole espandere il proprio business al di là della propria regione. A seconda del tipo di gara che si intende perseguire nel vostro paese, questi veicoli possono fornire una spinta incredibile per un business.

Pubblicazioni commerciali: se intendete consultarle, le pubblicazioni commerciali possono fornire la chiave per aprire la porta al successo. La pubblicità in queste pubblicazioni metterà il nome della vostra azienda sotto i riflettori con persone provenienti da campi che potrebbero aver bisogno del vostro aiuto.

I siti web fanno la differenza: non importa in quale campo tu entri, può essere molto utile pubblicizzare la tua azienda online. Se vendete, potete vendere direttamente online. Se si fornisce un servizio, è possibile ottenere affari utilizzando un sito web per promuoverlo. Le aziende che hanno siti Web erano una rarità. Oggi, questo è considerato un segno distintivo di un'azienda professionale. Anche i consulenti hanno i propri siti e talvolta blog per spiegare cosa fanno, come lo fanno e perché dovrebbero fare il lavoro.

Pubblicità creativa: se si prevede di vendere un prodotto o fornire un servizio che la popolazione in generale può utilizzare, come la contabilità, contabilità, ecc, la pubblicità creativa può aiutare a iniziare. Cartelloni pubblicitari, annunci bancari, brochure e altre opzioni simili possono aiutarvi a portare la vostra azienda a destinazione.

- *I SERVIZI PER L'IMPIEGO POSSONO AIUTARE*

Andare a fare consulenza o persino offrire competenze come freelance può essere un buon modo per farlo. Per ottenere posti di lavoro in questo settore, a volte può essere utile lavorare direttamente con le agenzie di collocamento. Poiché i datori di lavoro sono di solito quelli che pagano per questi servizi, non avete nulla da perdere seguendo questa strada e tutto da guadagnare.

Alcuni dei vantaggi di lavorare con i servizi per l'impiego includono:

Avere accesso ai propri contatti: Le agenzie di collocamento affermate tendono ad avere una lunga lista di clienti. Questo significa che possono potenzialmente farti passare attraverso la porta con contratti che non hai nemmeno sognato di ottenere.

Il fattore difensivo: i servizi per l'impiego non guadagnano denaro a meno che non trovino i professionisti giusti per il lavoro. A tal fine, lavorano duramente per far incontrare i liberi professionisti, i consulenti e gli appaltatori privati direttamente con le aziende che possono utilizzare i loro servizi. Non fa mai male avere i sostenitori dalla tua parte quando cerchi di iniziare un'avventura a casa tua!

Il fattore di specializzazione: Ci sono agenzie di collocamento specializzate nel trattare con appaltatori e consulenti. C'è anche chi lavora esclusivamente in un determinato settore. Connessione con l'agenzia giusta può davvero aprire le porte e servire come un incredibile trampolino di lancio per il vostro business domestico.

- ***I SITI WEB POSSONO ESSERE UNA SCELTA ECCELLENTE***

Se il vostro piano è quello di lavorare più o meno nell'arena online, essendo online non solo con il proprio sito, ma anche attraverso siti web di lavoro può davvero ripagare. Sono emersi numerosi siti web relativi all'occupazione per collegare i lavoratori autonomi e i titolari di piccole imprese con i potenziali datori di lavoro a contratto. I vantaggi di utilizzare servizi di questo tipo includono:

Bassi costi: I migliori servizi di ricerca di lavoro online richiedono una quota associativa, ma nel complesso i prezzi tendono ad essere bassi. Per pochi dollari al trimestre, potresti trovarti con più lavori di quanti ne puoi gestire.

Procedure di gara: proprio per questo motivo, passare attraverso i servizi di collocamento online può essere molto utile. Se avete intenzione di lavorare come appaltatore o consulente, passare attraverso i processi di offerta online può aiutarvi a vedere dove potreste aver bisogno di apportare miglioramenti. Se, per esempio, non sei abbastanza aggressivo, imparerai in fretta. Inoltre, alcuni ambienti RFx sono aperti. Questo significa che sarete in grado di vedere cosa sta addebitando la vostra concorrenza. Questo può aiutarvi a rimanere competitivi e a trovare lavoro in futuro.

Esposizione: I siti di lavoro online tendono ad attrarre una grande varietà di potenziali datori di lavoro. In molti casi, i datori di lavoro possono provenire da tutto il mondo. L'esposizione che voi e la vostra attività può ottenere utilizzando questi siti è incredibile.

Formazione: oltre ad imparare a gestire la concorrenza, l'intero processo di andare online per ottenere affari può servire come una grande formazione per altre aziende. Una volta che si padroneggia la preparazione dei pacchetti di offerte, per esempio, si può essere meglio preparati a passare attraverso una procedura di offerta governativa.

• *LE FRANCESI*

I franchisee tendono ad avere un vantaggio. Se avete optato per questo percorso, potrete beneficiare di alcune cose subito quando si tratta di atterraggio di business per iniziare. Queste cose includono:

Formazione: La maggior parte dei grandi franchising e anche alcuni di quelli più piccoli offrono formazione non solo sul modello di business, ma anche sulla pubblicità e sul marketing.

Riconoscimento immediato: i franchisee hanno il vantaggio di avere un nome riconosciuto. Questo di per sé può portare gli affari immediatamente. Se scegliete un franchising meno conosciuto, assicuratevi di avere un buon modello di business e un prodotto o servizio di qualità. E 'bene entrare al piano terra come la ricognizione è in costruzione. Assicurati solo che l'azienda sia davvero una di cui puoi fare il backup. Se non sei convinto di un'azienda, è probabile che nessun altro lo sia.

Pubblicità di gruppo: molti franchisee conducono campagne pubblicitarie nazionali. Lo fanno utilizzando alcune delle tariffe di franchising in arrivo. In alcuni casi, gli affiliati di una zona locale possono anche scegliere di fare "group shopping" per approfittare di più pubblicità. Ogni affiliato in una regione, per esempio, darà un calcio in X importo di dollari per una grande campagna. Questo aumenta l'esposizione senza costare troppo denaro al titolare dell'azienda.

- ### *RETE DI LAVORO*

Non importa in quale campo avete deciso di lavorare, se avete intenzione di possedere il vostro lavoro a casa, il networking sarà importante. In breve, questa è un'altra forma di pubblicità. Questo, tuttavia, non deve costare troppo e può essere ammortizzato con una tonnellata di premi.

Ci sono una serie di opzioni sul fronte delle reti. L'opzione o le opzioni migliori per voi dipenderà dal tipo di attività in cui pensate di entrare. Alcune delle opzioni di rete includono:

Camere di Commercio:

indipendentemente dal settore in cui intendete entrare, questa può essere un'ottima opzione per raggiungere il vostro mercato locale. Quando ti unirai ad una telecamera, non solo farai conoscere la tua attività, ma potrai anche beneficiare dell'opportunità di allontanarti dall'"home office". Inoltre, molte telecamere offrono preziose sessioni di formazione aziendale ad un costo molto basso per i membri.

Reti online: Ci sono gruppi online che aiutano gli imprenditori che operano sul web a conoscersi reciprocamente. Questo è un ottimo modo per raggiungere altri imprenditori. Se avete intenzione di lavorare come appaltatore o consulente, questi gruppi possono anche dare risultati con alcuni affari seri.

Gruppi di rete: come le camere di commercio locali, questi gruppi possono essere molto utili per far conoscere il vostro nome nella vostra comunità. I gruppi di lavoro in rete svolgono anche una funzione sociale ed educativa piuttosto vantaggiosa. Non fa mai male avere altre persone nella tua situazione con cui parlare e da cui imparare.

Sponsorizzazioni: Questo è un modo diverso per far conoscere il nome della vostra azienda alla comunità locale, ma potrebbe valerne la pena. Sponsorizzare un evento locale, una squadra sportiva, una classe. Fai conoscere il tuo nome a persone che ti riconosceranno per la tua fedeltà alla comunità e ti pagheranno con il loro sostegno.

Ottenere i posti di lavoro giusti può richiedere uno sforzo concertato. Avrete bisogno di sapere dove guardare, come spargere la voce su voi stessi e come stabilire una rete adeguata. Non preoccuparti se non l'hai mai fatto prima. Ti arriverà in tempo. La pubblicità è la parte più facile, ma costerà dei soldi. Networking può essere un po 'difficile per il timido, ma questo può essere importante come qualsiasi tipo di annuncio a pagamento si possono trovare.

Come aprire un ufficio in casa?

Hai preso una decisione e hai intenzione di lavorare a casa. Buon per te! Anche se avete il vostro campo scelto, i soldi sul posto e un business plan tutto pronto a partire, c'è ancora più lavoro da fare. Forse uno dei passi più grandi e più importanti non è stato ancora compiuto. Per lavorare a casa e avere successo, hai bisogno di un posto dove chiamare il tuo.

Sì, certo, vuoi stare con la tua famiglia e nel bel mezzo di tutto questo. Tuttavia, se non hai un ufficio da chiamare il tuo quando ne hai bisogno, potresti essere molto dispiaciuto. Il fatto è che fare telefonate a clienti con un bambino piccolo che urla in sottofondo può essere imbarazzante. Scrivere rapporti sulla scadenza mentre la tua famiglia guarda la televisione può essere una distrazione. Per superare e conquistare questi problemi, avrete bisogno di un ufficio a domicilio. Inoltre, averne uno vi darà una deduzione fiscale incorporata!

Affinché un ufficio in casa lavori veramente per voi, vale la pena di esplorare ciò di cui avete realmente bisogno. È anche una buona idea ricordare perché è importante avere il proprio spazio.

➢ *COSA TI SERVE*

Un ufficio in casa non ha bisogno di essere elaborato per essere efficace. La quantità o lo spazio richiesto dipenderà dai vostri gusti personali e dallo spazio che avete a disposizione. In generale, fino a quando ci sono connessioni di utilità - telefono, cavo, ecc. - e una porta, devi essere pronto. Anche problemi utili possono essere risolti con reti wireless e cavi di prolunga.

Al di là dello spazio, probabilmente avete bisogno di queste cose per allestire correttamente un home office:

Una scrivania: Elaborare non è importante qui. Si può andare così semplice come usare un pezzo di legno posto sopra due armadietti. Finché si dispone di uno spazio di lavoro per i propri documenti e file importanti e si sta bene su questo fronte.

Computer e altre attrezzature: Quasi tutti i campi che si inseriscono richiedono un computer in questi giorni. Se intendete telelavorare per il vostro attuale datore di lavoro, questa è probabilmente una necessità. Anche se si vuole iniziare una nuova carriera, avere un computer su cui lavorare può essere molto saggio. Investire in una buona macchina e assicurarsi di avere un backup pure. Niente può mettere da parte un'azienda più velocemente dei problemi informatici! Potrebbe anche essere una buona idea prendere in considerazione servizi di backup online del disco rigido per assicurarsi che le vostre basi siano coperte in caso di incidente. Al di là della configurazione di base di un computer, è necessario considerare cose come un telefono, una fotocopiatrice e un fax. Se il vostro campo richiede un'attrezzatura speciale, dovrete anche pianificarla.

Una porta: ancora una volta, non è necessario lavorare sempre alla centrale. Se vuoi stare in cucina con un computer portatile mentre prepari la cena, sei tu il capo! Tuttavia, avere una porta da chiudere quando necessario può essere imperativo per la concentrazione. Può anche aiutare a ricordarvi che siete "a tempo pieno". Inoltre, avere una porta può anche ricordare ai membri della famiglia che si è "sull'orologio". Ricordate, la vostra famiglia potrebbe avere un periodo di adattamento abbastanza lungo da permettervi di lavorare a casa. Lo spazio privato può servire a ricordare che il fatto che la mamma è a casa non significa che possa gestire ogni singolo problema che si presenta.

➢ *PERCHE' TI SERVE UN UFFICIO IN CASA?*

Anche se la vostra casa è piccola e trovare uno spazio da scolpire è una sfida, fatelo accadere. Sia che tu sia a guardia di un angolo garage, utilizzando un armadio o rivendicando una stanza in più, basta rivendicare uno spazio!

Le ragioni per cui questo è così importante includono:

✓ Privacy;
✓ Professionalità;
✓ La detrazione fiscale, che può essere molto importante;
✓ La tua sanità mentale!

Un ufficio a casa può essere un po' complicato da creare, ma potrebbe valere la pena di darvi lo spazio necessario per lavorare. Non importa quale sia il vostro lavoro a casa, la privacy sarà apprezzata.

Puoi contarci!

➢ *CONSIGLI PER IL SUCCESSO*

Mentre la strada verso il successo può variare notevolmente a seconda dell'attività che intendi seguire, ci sono alcuni consigli generali che possono aiutarti in ogni caso. Alcuni dei migliori consigli per le madri includono:

Sii paziente: lavorare a casa può essere molto gratificante. Può anche essere terribilmente frustrante. Quando tuo figlio di 8 anni ti racconta la stessa storia per la quinta volta mentre sei in scadenza, la tua pazienza potrebbe esaurirsi. Fai un respiro profondo, conta fino a 10 e spiega che ti piacerebbe sentirlo tra poco.

Credete in voi stessi: poiché non siete estranei al mondo del lavoro grazie alla vostra carriera originale, in questo caso dovreste avere un vantaggio. Tuttavia, può essere molto scoraggiante avere una propria attività e non avere una "società" a cui rivolgersi. Credete in voi stessi, fate il punto delle vostre capacità e andate avanti a tutta velocità. Se sei stato in grado di godere di una carriera di successo lavorando per qualcun altro, non c'è ragione per cui non puoi fare tutto da solo!

Impostare l'orario di lavoro: non può essere abbastanza stressante. È necessario stabilire una routine durante la maggior parte dei giorni per poter lavorare a casa. Se preferisci passare l'intera giornata con i tuoi figli, fallo. Assicurati solo di "dare un pugno" quando vai a letto. Devi stare con lei per fare un'avventura a casa.

Promuovere se stessi: prendetevi il tempo di diffondere la notizia della vostra attività. Se non lo fai tu, nessun altro lo fara'. Il vostro successo finale risiede non solo nelle vostre capacità, ma anche nel modo in cui lo fate per attirare clienti e contratti.

Sii persistente: L'avvio di qualsiasi tipo di attività richiede tempo e dedizione. Se lavorate a casa, dovrete comunque affrontare gli stessi ostacoli che qualsiasi azienda deve affrontare. Dovrai essere diligente e persistente per superarli.

Mantieni aperti i tuoi contatti: stai lasciando una carriera in un'azienda per stare a casa con la tua famiglia e avviare un'attività in proprio. Assicurati di mantenere aperti i contatti che hai fatto nel corso degli anni. Possono essere preziose fonti di affari per voi in futuro. Non importa se rimani nel tuo campo o se hai intenzione di seguire un percorso leggermente diverso. La realtà è che la vostra attuale reputazione può aiutarvi molto, indipendentemente dal campo che inserite. Lasciate che i vostri vecchi contatti sappiano cosa state facendo e mantenete voi e la vostra azienda in prima linea nella loro mente.

Siate realistici: non aspettatevi di costruire un'azienda Fortune 500 dal vostro garage in 10 giorni o meno. Anche se questo è un obiettivo fantastico, non è prudente aspettarsi un tale successo fin dall'inizio. Potreste scoraggiarvi e danneggiare le vostre possibilità di godere del vostro obiettivo. Assicurati solo che le tue aspettative siano realistiche.

Imparare a multitasking: avete deciso di rimanere a casa per un motivo: la vostra famiglia. Assicurati di fargli risparmiare tempo. Come si lavora nella vostra azienda, questo può significare la necessità di fare diversi compiti in una sola volta. Imparare a preparare la cena mentre sei al telefono. Effettua le chiamate mentre sei seduto in fila all'auto della scuola del tuo bambino. Preparare mailing di massa mentre si guarda la TV con la famiglia di notte.

Non dimenticate voi stessi: può essere molto allettante mettere tutto ciò che avete nella vostra famiglia e nella vostra azienda. Anche se questa può sembrare una grande idea, potrebbe bruciarti velocemente. Assicurati di guadagnare tempo. Questo vi aiuterà a rilassarvi, rilassarvi e ricaricarvi. Anche 20 minuti al giorno leggendo una serie di libri preferiti, meditando o facendo jogging può darvi il tempo necessario per essere se stessi. Trascurare questo e la vostra famiglia, la vostra azienda e tutti voi probabilmente soffrirete.

I benefici.....

A meno che non abbiate deciso di telelavorare per il vostro attuale datore di lavoro, è probabile che questa sia una domanda che vi terrà sveglio di notte. Anche quando si hanno i compiti fatti a casa e la vostra attività pronta per iniziare, la questione dei profitti può bruciare senza risposta.

Quindi, come si possono colmare le lacune che si presenteranno quando si lascia un impiego a tempo pieno per una posizione nella casa della propria creazione?

Per fortuna, hai delle opzioni. La maggior parte delle madri che lavorano possono coprire le loro basi in termini di assicurazione sanitaria, pensionamento e persino di risparmio. Non lasciare che questo particolare ostacolo funga da pietra d'inciampo.

➢ *SODDISFARE LE ESIGENZE MEDICHE*

La copertura medica, odontoiatrica e visiva sono generalmente tra le maggiori preoccupazioni per le donne professioniste che intendono trasferirsi in un'azienda a domicilio. Le opzioni sono disponibili. Ciò che funziona meglio per voi dipenderà dalla situazione unica della vostra famiglia. Alcune delle opzioni che potresti voler esplorare includono:

Mettere la famiglia nella vostra assicurazione "Meaningful Couple": se il vostro partner è assicurato sul posto di lavoro, la liquidazione è abbastanza facile. Tu e i bambini possono essere aggiunti alla tua polizza. La maggior parte delle aziende permetterà cambiamenti a metà anno come questo se un grande evento si è verificato in una famiglia. Nel peggiore dei casi, dovrai aspettare fino all'iscrizione aperta.

Opzioni di polizza privata: è possibile acquistare un'assicurazione privata per coprire voi e la vostra famiglia. Tuttavia, tenete presente che molte polizze di acquisto privato non coprono condizioni preesistenti. Alcune condizioni mediche, infatti, renderanno impossibile l'acquisto di polizze private per privati.

Opzioni di gruppo: Questa è una soluzione per coloro che hanno condizioni preesistenti. E' possibile inserire un'attività domestica in un pool di gruppo. Il risultato finale sarà una politica molto simile a quella offerta da un normale datore di lavoro. Ciò significa che a una persona con una condizione medica non può essere negata la copertura. Lo svantaggio è che i costi possono essere piuttosto elevati. Tuttavia, l'opzione può essere una buona soluzione per coloro che ne hanno bisogno.

La copertura delle vostre esigenze mediche potrebbe non essere così difficile o costosa come pensate. Esplora tutte le opzioni da vicino e scegli quella che meglio si adatta alla tua famiglia.

> ### ➢ *RITIRO......*

L'assicurazione sanitaria è la prima e più grande preoccupazione che le donne professioniste hanno quando decidono di fare il passaggio al lavoro a casa. Non e' l'ultima, pero'. Altrettanto importante è assicurarsi che le prestazioni di vecchiaia o i risparmi siano disponibili. Si prega di notare che sarai il tuo capo nella maggior parte degli scenari di cui abbiamo discusso. Questo significa che se non si risparmia per la pensione, è probabile che nessun altro lo faccia per conto vostro.

Come puoi assicurarti di avere un nido di risparmio per i tuoi anni d'oro? Queste opzioni sono a vostra disposizione:

Conti previdenziali individuali: i conti individuali possono essere molto utili per risparmiare per il futuro. Non solo tendono ad offrire buoni guadagni sui tassi di interesse, ma possono anche compensare i loro guadagni quando è il momento delle imposte. Tuttavia, a causa delle limitazioni dei contributi, potresti voler avere più di questa carta nella manica.

401ks: questo veicolo di previdenza può inserire un altro veicolo nel vostro istituto di previdenza. Avrete bisogno di consultare una società di investimento in pensione su come avviarne una. Tuttavia, se si incorporano i propri affari, questa opzione deve essere a vostra disposizione.

Azioni e obbligazioni: queste possono rivelarsi un po' ad alto rischio, ma possono essere ricompensate con grandi ricompense. Fate attenzione, però, e non mettete tutte le vostre uova in un solo cestino.

Altre opzioni: Ci sono molti altri strumenti d'investimento che possono aiutarvi a sostituire un conto pensione sostenuto da un'azienda. Si consideri l'investimento in oro, immobili e altri investimenti materiali simili. Se la vostra azienda è un'azienda che potrebbe essere venduta, questo potrebbe anche essere considerato un investimento pensionistico.

Solo perché il tuo ex datore di lavoro non finanzia una polizza pensionistica non significa che non puoi risparmiare per il tuo futuro. Con un buon piano e un po' di disciplina, potete essere sicuri di avere una prenotazione per rendere i vostri anni d'oro più confortevole.

➢ *ALTRI RISPARMI*

Il pensionamento non sarà o non dovrebbe essere l'unico risparmio che si considera quando si avvia una nuova attività a domicilio. Probabilmente vorrai anche che venga istituito un fondo per i giorni di pioggia. Questo può essere utilizzato per coprire la vostra attività in periodi di tempo lento. Si può anche volerlo per i risparmi generali per le vacanze, i miglioramenti casa e le emergenze.

Le opzioni per far funzionare meglio i

vostri soldi rispetto al risparmio complessivo includono:

Conti del mercato monetario: questo tipo di veicolo di risparmio non vi farà guadagnare una piccola fortuna, ma potete assicurarvi che il denaro risparmiato vi farà guadagnare qualcosa. La maggior parte delle banche offrono questi servizi e offrono interessi in modo che tu possa lasciare che il tuo denaro funzioni per te.

U.S. Savings Short-Term Bonds: le obbligazioni e altre attività a breve termine possono essere un buon modo per guadagnare un po 'di più dai vostri risparmi.

Facile da liquidare gli investimenti: Alcuni investimenti come l'oro, monete da collezione o francobolli possono anche funzionare bene per i risparmi giornalieri piovosi. Questi possono anche essere un buon modo per guadagnare qualche soldo senza correre grossi rischi nel processo.

Non è prudente utilizzarli come unica forma di risparmio, ma possono essere inclusi in un piano globale.

Sostituire i benefici non è così difficile come potrebbe sembrare. I veicoli sono disponibili per la maggior parte delle mamme che soggiornano a casa per rendere possibile la copertura di base.

Come gestire con successo la casa e il lavoro

Se sei abituato a lavorare in ufficio e ad avere una chiara demarcazione tra lavoro e vita familiare, la giocoleria può essere una grande sfida. La realtà è che se stai prendendo la decisione consapevole di essere una mamma casalinga - anche se lavori a distanza - sfocerai le linee che creano i confini. Per bilanciare tutto, avrai bisogno di un piano.

Questi suggerimenti possono essere utili:

Imparare a dare la priorità: Dal momento che sarete quello di casa, probabilmente avrete molto di più sul vostro piatto. Vi sentirete obbligati non solo a prendervi cura di vostro figlio e della vostra azienda, ma anche della vostra casa. Non puoi fare tutto. Imparare a dare priorità a ciò che dovrebbe essere fatto e ciò che ci si può aspettare sarà essenziale. Allo stesso modo, impareremo anche a delegare alcuni doveri ad altri membri della famiglia, quando possibile.

Imparate a lasciar andare alcune cose: se avete un bambino malato e un grosso contratto in gioco, le vostre priorità sono chiare. Queste due cose richiederanno la vostra attenzione. Se i vestiti si accumulano e i piatti non si lavano, lasciali andare. Aspetteranno fino a domani. Suo figlio e il suo cliente no!

Imparare a chiedere aiuto: Sei incredibile, ma sei solo umana. A volte ha bisogno di aiuto. Non abbiate paura di chiedere.

Avere un piano di backup: ci saranno alcuni giorni in cui non sarete in grado di tenere il vostro bambino e il suo lavoro. Assicuratevi di avere un piano di backup. Ottenere un parente per la cura del bambino o anche per prendersi cura del bambino in un centro diurno locale. Va bene non essere sempre chi si prende cura di te. Infatti, a volte i bambini fanno meglio con la socializzazione se di tanto in tanto è permesso loro di essere in gruppo.

Sfruttate al meglio i tempi di inattività: approfittate di qualsiasi tempo di inattività per affrontare progetti che devono essere completati. Mentre il vostro bambino dorme, per esempio, fate le vostre chiamate. Mentre il bambino fa colazione, inizia a preparare la cena in una cucina lenta. Ricordati di guadagnare tempo anche per te stesso.

Passare da una donna che lavora in ufficio a una mamma che lavora a casa può essere una grande transizione. Sii gentile con te stesso e impara a tenere le cose in prospettiva. È possibile destreggiarsi tra un sacco di palle contemporaneamente. Tuttavia, non si può fare tutto il tempo da soli.

Conclusione

Lavorare a casa non è per tutti. Assicuratevi di esplorare realmente le opzioni e considerate le vostre motivazioni. Se sai che vivi e respiri lavorando in un ufficio con molte persone intorno a te, potresti non essere felice a casa. Anche se suona bene essere in grado di trascorrere del tempo con il vostro bambino, se volete davvero essere in un ufficio con persone, potete far sentire tutti infelici se lo fate in modo diverso. Se la tua personalità non corrisponde al profilo del lavoro a casa, non farti prendere dal panico. Puoi avere una carriera lontano da casa ed essere comunque un'ottima madre. Riconoscere che avete bisogno di qualcosa di diverso può essere un bene per il vostro bambino.

Ora, se avete deciso che trasferirsi è davvero un bene per voi, le vostre probabilità di successo dovrebbero aumentare. Per fare davvero un passo serio in ogni carriera a casa, è necessario avere un piano in atto. Ciò dovrà includere finanziamenti per l'avviamento, un piano aziendale e anche alcune prospettive per la pubblicità, il marketing e una base di clienti. Fai i compiti e procedi con cautela. In un attimo, i vostri affari dovrebbero essere operativi.

Ricordate che mentre lavorate a casa, il vostro campo da gioco è cambiato radicalmente. Dovrete essere in grado di destreggiarvi, esercitare la pazienza e mantenere il senso dell'umorismo su voi stessi. Il lavoro sarà importante, ma anche il tuo altro lavoro: essere una mamma.

Imposta i tuoi obiettivi e cerca di raggiungerli. Tuttavia, esercitare una certa flessibilità. Ci saranno giorni in cui non si può entrare in "ufficio" fino a mezzanotte e altri in cui tutto scorre dolcemente dalla routine mattutina all'ora di andare a letto. Il bello di essere una mamma che lavora a casa è che bisogna avere la capacità di adattarsi alle esigenze della giornata. Questo particolare vantaggio può valere ogni sforzo necessario per avviare un'attività domestica.

Diventare una madre lavoratrice a casa è molto importante per una donna in carriera. Stai fermo e sii paziente. Se lo fai, puoi realizzare i tuoi sogni.

Basta ricordare che tutto non accadrà durante la notte e che ci vorrà del tempo prima di vedere un cambiamento nella vostra vita in meglio.

Ora sì, vi auguro il meglio dei vostri risultati, e ricordate, tutto è pratico; la teoria senza azione non vi serve a nulla.

Un grande abbraccio, il tuo amico, Jessy!

A proposito, quando si raggiungono i risultati a poco a poco, vi consiglio vivamente, se volete saperne di più sui metodi di fare soldi, il libro di un grande autore da cui ho imparato molto, su "STRATEGIE SEGRETTE PER FARE UN TANTO DI MONEY IN THE MULTINIVEL BUSINESS", è un libro che sono sicuro vi aiuterà molto sulla strada verso la "libertà finanziaria".

Senza ulteriori indugi, potete trovarlo nel motore di ricerca di Amazon, come: "Strategie segrete per guadagnare un sacco di soldi nel business multilivello" o alla ricerca del suo nome, come: "Gaston Echevarria".... Ancora una volta vi auguro di avere successo nei vostri risultati!